AF370425

CUIDADO CON LA VOZ QUE TE HABLA… ERES TÚ

Caroline Anem

EDIQUID

CUIDADO CON LA VOZ QUE TE HABLA…
ERES TÚ
© Caroline Anem

Editado por: Corporación Ígneo, S.A.C.
para su sello editorial Ediquid
Av. Arequipa 185 1380, Urb. Santa Beatriz. Lima, Perú
Primera edición, marzo, 2023

ISBN: 978-612-5078-81-0
Impresión bajo demanda

Hecho el Depósito Legal en la Biblioteca Nacional del Perú N° 2023-01836
Se terminó de imprimir en marzo de 2023 en:
ALEPH IMPRESIONES SRL
Jr. Risso Nro. 580 Lince, Lima

www.grupoigneo.com
Correo electrónico: contacto@grupoigneo.com
Facebook: Grupo Ígneo | Twitter: @editorialigneo | Instagram: @grupoigneo

Colección: Integrales

CONTENIDO

Agradezco a Dios por darme la fuerza.

A mi hijo, que me enseña a mejorar constantemente.

A mi marido, a quien amo y con quien nos apoyamos día a día.

A mi amigo Manuel, que tuvo la generosidad de escribir el prólogo, de escucharme y de conocer este camino.

PRÓLOGO

Lo que se describe aquí todos lo hemos vivido de alguna forma: como padres, en la relación con nuestros hijos y en los temores que tenemos de su futuro; como hijos, con el ímpetu de la juventud, en las frases hirientes o poco afortunadas que formulamos en pro de la independencia y de defender nuestras ideas.

Por eso el relato de Caroline no puede dejarnos indiferentes, ya que, a través de un relato vívido, cargado de cuestionamientos hacia su propio rol y los temores naturales de una madre, reconoceremos escenas de nuestras vidas.

El relato se complejiza con el diagnóstico de Martín y nos encontramos entonces con la fuerza de Caroline, quien no lucha, oponiendo resistencia o rasgando vestiduras mientras grita al cielo «¿Por qué a mí?», sino que aplica el cariño y la inteligencia para que, dada la realidad del espectro autista a la que se enfrenta, pueda ayudar a Martín a salir adelante, incluso modificando sus propios sueños y expectativas.

No encontrarán aquí consejos y listas de cosas por hacer, sino más bien una historia profunda y la desesperanza inicial de no saber cómo enfrentar la situación: ella pasa de sentirse perdida, inútil y que ha fallado en su rol de madre, para luego ir encontrando la luz, la comprensión de que las cosas son de cierta manera y que lo queda por hacer es jugar con las fichas que tenemos.

Caroline no se quedó solo implorando al cielo, también recordó las palabras de Mateo 7:7: «Pedid, y se os dará; buscad, y hallaréis; llamad, y se os abrirá». Es decir, primero debes hacer algo tú para que las cosas pasen.

Tal vez la lección más grande de esta entrega es la aceptación como un punto de inicio para la acción, pues a partir de esto nos permite reconstruirnos y adaptarnos a las nuevas circunstancias que requieren esfuerzo, estudio y, tal como lo expresa Caroline en sus palabras finales, mucho amor.

Claramente la historia no termina con este libro, pero su final sí nos señala un buen comienzo.

Manuel Labbé Aguirre

INTRODUCCIÓN

Al comienzo de la vida, somos capaces de asombrarnos con todo. No sé si alguna vez le has prestado atención a un recién nacido: sus ojos brillan, su corporalidad responde a los sonidos, las emociones, los movimientos; mueve sus manos, su humanidad completa responde; escucha a su madre o a su padre y se mueve o sonríe, y los busca con la mirada hasta encontrarlos. Todos fuimos un bebé y nos maravillábamos con nuestro alrededor, ante un mundo incierto que nos sorprendía a cada instante.

Al tener conciencia del yo entramos en una dinámica distinta. Quienes han tenido la fortuna de contar con alguien en quien confiar, un adulto significativo, abren su corazón y desarrollan la empatía, la capacidad de amar y desarrollan neuronalmente las sinapsis relacionadas. Pero hay quienes, aun teniendo esa fuente, no lo hacen y guardan sus recuerdos, traumas y situaciones sin trabajarlas, en su consciente e inconsciente.

Cuando nació mi hijo mayor, que en este libro llamaré Martín, me emocionaba ver su capacidad de amar y de expresarse. Su mirada, risas, inocencia, vulnerabilidad, balbuceos, cantos; todo lo de él era nuevo para mí, un ángel que me eligió para vivir. En el transcurso de los años fue cambiando y definiendo su personalidad conforme a sus vivencias y la genética heredada.

Este libro habla de la evolución en el tiempo de la personalidad de mi hijo, su adolescencia, cuando cayó en un cuadro ansioso-depresivo profundo, las hipótesis al respecto y la atención que le prestó a su voz interior en este proceso. Esa voz que le permitió encontrar las razones de muchos comportamientos, frustraciones y emociones que, hasta ese entonces, no se explicaba.

Conversando con Martín hace unos meses, antes de su diagnóstico, me comentó que tenía problemas de autoestima graves: estaba muy triste, muy ansioso y no se sentía capaz, confesándome que nunca le había encontrado sentido a la vida... Ante mi asombro, le dije:

—Hijo... Cuidado con la voz que te habla: eres tú.

Capítulo 1
LA PERSONALIDAD DE MARTÍN

Martín nació bien, en un parto por cesárea. Casi morí en el intento de traerlo a este mundo, pues la anestesia me produjo un cuadro de intoxicación que no me permitió acunarlo de inmediato. Solo lo vi envuelto en paños blancos: era lo más hermoso y extraordinario que había visto en mi vida. Recuerdo que me llamó la atención que no lloró al nacer y me preocupé, pero después mostró su voz y todo salió perfecto. Una vez que lo limpiaron, su padre le habló y él dejó de llorar, y lo buscó como si lo hubiera reconocido.

Recuerdo que, al séptimo día de nacido, se produjo el ataque a las torres gemelas. Lo miré y lloré. Me pregunté a qué mundo lo había traído, esperando que no fuera el presagio de nada malo.

En esos días comenzó a enfermar sistemática y reiteradamente, eran cólicos, pero también se contagiaba con todos los virus que existían: enterovirus, exantema viral, sincicial, neumonía, bronconeumonía, entre muchos otros. Al mes comenzaron las apneas, cuestión que nos mantuvo en alerta durante años: casi no dormíamos pensando que podía tener una muerte súbita.

Los médicos nos dijeron que Martín nació con el sistema inmunológico inmaduro y que esto era común en los niños. En términos simples, la medicina indica que «el sistema inmune del recién nacido podría considerarse como inmaduro porque sus órganos, como los ganglios y el bazo, no están aún bien organizados al nacimiento».[1]

Por otro lado, y en relación con la apnea (suspensión de la respiración), los médicos nos indicaron que se producía en todos los niños, en especial en los prematuros, pero Martín era un niño de término. La apnea en niños de término ocurre con baja frecuencia y se debe a debilidades en el sistema respiratorio o cuando los niños son sensibles a una variedad de estresores ambientales, en especial dentro de los primeros seis meses de vida.

Muchos años después me enteré de que, mientras que la apnea en prematuros es consecuencia de inmadurez fisiológica, la apnea en recién nacidos a término es más probable de ser patológica, y eso ningún médico lo mencionó jamás.

Posteriormente, Martín presentó adenoides y amígdalas enormes que contribuían al cuadro, así que lo operamos a sus 4 años.

---

1   Laresgoiti Servitje, E. (s. f.). «El sistema inmune del recién nacido y la importancia de la leche materna». *Infogen*. Recuperado el 14 de diciembre del 2022. https://www.infogen.org.mx/el-sistema-inmune-del-recien-nacido-y-la-importancia-de-la-leche-materna.

Como toda madre primeriza, me estresaba con sus enfermedades, me sentía insegura sobre poder darle lo mejor a esta criatura maravillosa que había llegado a mi vida.

Martín tenía las jornadas de sueño cambiadas y, durante mucho tiempo, estuvimos haciendo turnos mi marido y yo para verlo y supervisar su sueño, porque él se mantenía despierto mucho tiempo en las noches.

Como casi todos los niños, con el tiempo, empezó a cambiar de cama y lo devolvíamos a su dormitorio para impulsar su independencia. Pienso en eso y me sonrío… Me pregunto si tal vez debimos dejarlo cambiarse cuantas veces él hubiera querido, no lo sé… Tantas veces me asusté cuando lo veía parado a mi lado en la noche…

En esa época, leía mucho sobre bebés y una de las lecturas que encontré señalaba que los niños no distinguen su yo hasta los 2 años. Hasta entonces, ellos se sienten parte de la madre, cuestión que me pareció extraordinaria. Es la conexión física y emocional que da cuenta de la relación entre madre e hijo, la conexión mágica entre ambos, espiritual y biológica. Este hecho lo deberían saber todos quienes deseen ser padres.

En mi aprendizaje descubrí que, hasta los seis meses de vida, los niños no tienen conciencia de los límites físicos de su cuerpo. Creen que aún están físicamente ligados a su madre y, aunque en los primeros dos meses de vida el niño es capaz de fijar la mirada, no saben que son distintos de ella.

Entonces, la relación y la comunicación marcan de forma indefectible la pauta del nivel de apego existente entre ambos. A mi mejor entender, sería como un cordón umbilical mágico que existe entre ellos. Nuestras emociones se traspasan al bebé en una asombrosa unión que nos marcaría a ambos, madre e hijo; a ellos a nivel inconsciente, en su salud mental, que marcará definitivamente su personalidad para el resto de su vida.

Este hecho del apego es relevante porque la identidad del bebé se va desarrollando de manera temprana. De hecho, a los pocos días de nacido, nosotros ya decíamos de Martín: «Es muy calmado», «Es muy bueno», «Es paciente», y de a poco lo fuimos relacionando con unos rasgos de personalidad más que con otros. Esta conducta de nosotros como padres, y que es muy espontánea, finalmente se verbaliza y vamos modelando la idea de un niño del cual él también comienza a conocer e incorporar en su mente.

Martín fue un niño atípico, muy tranquilo, cariñoso, de sonrisa liviana. Lloraba por lo estrictamente necesario: cuando tenía hambre, estaba mojado o si tenía alguna enfermedad.

Era un bebé asombroso, de un nivel intelectual y de aprendizaje notables, rápido, en mi opinión, por sobre lo considerado normal: a los seis meses ya encajaba cubos, se expresaba con claridad a pesar de no hablar y empezó a pronunciar palabras tempranamente. Tenía un nivel de motricidad fina que deslumbraba: levantaba torres de naipes desde pequeño y castillos de piezas de madera muy altos. Martín tenía un baúl repleto de autos que ordenaba por color, tamaño y tipo. Podía pasar tardes enteras armando y ordenando. Talentoso, en definitiva. Muchas veces pensé que era un niño con altas capacidades.

A veces me cuestioné si hubiera sido conveniente llevarlo a un colegio de niños superdotados, pero me arrepentía diciéndome a mí misma que no porque quería que fuera feliz, quería que viviera su infancia de forma «normal».

Tuvo amigos imaginarios como a los 3 años. Los amigos imaginarios son personas que algunos niños crean con su imaginación y les asignan un rol lúdico o de otro tipo, y suelen desaparecer con la edad. Martín hablaba y jugaba con ellos; sus amigos habitaban detrás de su cama. A veces me sorprendía verlo interactuar, pero lo resolví con el tiempo. Yo hacía cambios en su dormitorio para ver qué pasaba y le cambiaba de lugar la cama, pero el lugar de conversación con sus amigos imaginarios era el mismo, no variaba entre ellos.

Cuando Martín tenía sueño, tomaba su pañito y su chupete, caminaba hacia su cama o cualquier lugar que considerara cómodo y se acomodaba para dormir. Como a los 3 años y medio, Martín no quería irse a acostar a su dormitorio: lloraba y se ponía nervioso. Nos llamaba profundamente la atención.

Un día le pregunté por qué no quería subir a su cuarto, me contó que había una señora que se lo quería llevar y la describió a detalle: me dijo cómo vestía, sus características y hasta su nombre. Era una descripción bastante elaborada para que un niño de su edad la hubiera inventado. Según la psicoterapeuta Caron Goode, los menores de 4 años son incapaces de distinguir entre un compañero imaginario y un fantasma, y que existían demasiados casos de visiones como para que fuese mera coincidencia.

Después de tomar el asunto y tratarlo bajo nuestras creencias religiosas y espirituales, con el tiempo, esto declinó y volvimos a una situación de «normalidad».

—ɯ—

Martín fue hijo único hasta los 4 años. Era todo para mí: mis ojos, mi vida, el aire que respiraba. Él era un chico muy concreto, de una serenidad envidiable, era contenido, analítico y un líder positivo.

Cuando nació su hermana, Maquita, fue máxima felicidad para nosotros y para él, pero también fue un golpe duro para mi pequeño Martín. Creo que para cualquier niño que ha sido altamente enfermizo y único durante varios años, recibir un hermanito o hermanita que invade su existencia no es menor. Ese alguien le quita la atención de su madre y de su padre, es a quien todos van a conocer y quien recibe regalos de bienvenida.

Martín cursaba el nivel de medio mayor en su jardín infantil y, recuerdo que después del nacimiento de Maquita, él no volvió durante un tiempo porque no quería dejarme sola con la bebé. Me daba tristeza llevarlo porque él la pasaba mal. Naturalmente sentía celos de esta criatura que había llegado a hacer ruidos y a quitarle el tiempo de su mamá, pero aun así él sentía un profundo amor por su hermana.

Un día, antes de que Maquita naciera, estábamos en casa. Yo tenía alrededor de tres meses de embarazo y le pregunté a mi hijo si sabía de qué sexo sería el bebé por nacer, y él me respondió:

—Mami, ella es una niña, yo la conozco. Era mi hermana antes y caminábamos de la mano por el bosque para ir a la escuela.

Mi marido y yo nos miramos estupefactos, asombrados de la respuesta de un niño de 3 años. Poco tiempo antes, yo había leído el libro *La vida antes de nacer*, de José Luis Cabouli, el cual relata experiencias de personas que revivieron la vida intrauterina en regresión. Recuerdo que el libro señala que los hijos nos eligen antes de nacer y todo cuanto hagamos antes o después marcará al niño para siempre. Todos vendríamos con una tarea por hacer, por terminar.

A través del tiempo, pudimos apreciar el intenso y sincero amor entre los hermanos, un vínculo esencial que perdura hasta hoy, absolutamente complementarios. Martín es más introvertido y Maquita más expresiva. Ella llegó a darle más alegría, espontaneidad y desorden. Sin duda también lo estresaba, pues no era tranquila como él; demasiado torbellino.

Al mirar el pasado desde aquí, veo que Maquita invadió por mucho la armonía que había en su vida, pero Martín nunca se quejó de eso. Siempre fue tolerante y cariñoso, nunca dijo nada, nunca peleó ni le pegó, aun cuando muchas veces, como madre, pensé que yo en su lugar lo habría hecho.

En sus años de preescolaridad, Martín era un niño contenido, lo que llamaba la atención de sus profesores. Alguna vez llegué a pensar que tenía algún grado de Asperger o de autismo. Realizamos seguimiento y evaluación psicológica, y los exámenes no arrojaron esa condición en él y, finalmente, su psicólogo nos recomendó que, por su personalidad, Martín debía hacer deporte siempre. El deporte le ayudaría a sacar las emociones contenidas. Era como un viejito chico, maduro para ser tan joven.

En los primeros años de colegio, Martín tenía un compañero de curso que lo esperaba para pegarle en la escalera del colegio. Lo notaba estresado, así que le pregunté qué pasaba. Después de varias conversaciones con la profesora y con él, mi marido le pidió a Martín devolver el golpe a quien lo atacara. Creo que Martín se sintió presionado, se puso a llorar y le dijo:

—No puedo, papá.

Él no podía golpearlo porque eso no era bueno, porque el otro chico era su amigo. No podía entender cómo alguien que se supone era su amigo lo maltrataba. Esa respuesta no era más que nuestra responsabilidad como padres: nosotros le inculcábamos la empatía, la calma, la tolerancia, los valores, lo bueno y lo malo.

Un par de meses después lo incorporamos a karate para que aprendiera la disciplina y defensa personal. En la modalidad que él practicó, no recuerdo bien su nombre, la prioridad era la defensa y no el ataque. Esto lo ayudó extraordinariamente. Fue un discípulo destacado y llegó con rapidez hasta cinturón morado.

En su taller de karate nos pidieron permiso para grabarlo y estudiar sus movimientos por el gran nivel de motricidad alcanzado a temprana edad. En un par de años, el *sensei* le regaló una catana[2] que lo engrandeció: fue un reconocimiento a su talento y dedicación. Él lo admiraba.

La actividad logró el efecto esperado, disuadiendo al agresor. Sus compañeros no lo molestaron más. Sin embargo, hubo muchos eventos posteriores que Martín nunca nos compartió y que lo marcaron.

Finalmente, y como para todos, el deporte sería una válvula de descompresión de sus emociones y energías.

—⚉—

Conforme se iban sucediendo los hechos en la vida de Martín y en nuestra familia, se detonó la primera depresión evidente cuando él estaba en séptimo básico. Esta vez, la justificaron los médicos por los cambios hormonales de la etapa y el alejamiento de sus compañeros de curso, lo cual era una separación que el colegio establecía como estrategia de convivencia en los niños y que terminó en que varios padres se llevaron a sus hijos a otras

---

2   *Sensei* es la palabra japonesa para designar al maestro. Catana (o katana) es un arma blanca de origen japonés, parecida a la espada y algo curvada.

instituciones educacionales. Fue la primera vez que vi la mirada perdida en Martín.

Debemos agregar a esto que, más o menos en la misma época, se vinieron a vivir a nuestra casa los abuelos, situación que trastornó la convivencia en el hogar.

—⟋⟍—

En el año 2015, Martín tenía 14 años y a mi suegra se le declaró un cáncer terminal que duró cuatro meses. Muy agresivo, pero por fortuna sin dolores terribles, como se nos había indicado.

En ese entonces, la acompañamos y atendimos con todo lo necesario: enfermeras y catres clínicos. Fue un deambular de personas extrañas. Una condición más compleja todavía era que mi suegro tenía Alzheimer, lo que angustiaba más el panorama.

Con mi marido, intentamos hacer de esto una situación lo menos dolorosa posible. Martín nos ayudaba constantemente en las tareas de atención diaria, con una entrega incondicional, sin reclamar, sin dudar: era noble, generoso y paciente, siempre en silencio.

El último día de vida de mi suegra, la enfermera nos avisó que estaba en sus últimos minutos y mi marido volvió a casa. Yo llegué a las dos horas y comprendí que ella se había preparado para esto: se despidió de todos, incluso de mi hija Maquita y se acomodó, esperando el último suspiro. Ella sabía que se estaba muriendo y pedía que la dejaran descansar.

Como a las 19:00 de ese día, mi marido debía ir a buscar a Martín a un entrenamiento, pero le pedí que no fuera: su madre lo necesitaba junto a ella al partir, considerando además que él era su único hijo. Le pedimos a un amigo que se llevara a Martín a su casa.

Mi suegra se fue muy acompañada de nosotros, calmada, tranquila, con el semblante de alguien que se ha preparado para la transición. Con una sobrina, la vestimos y comenzamos con los trámites fúnebres. Después de esto, mi marido se fue a buscar a Martín y al doctor que debía extender el certificado de defunción. En todas esas actividades pasaron las horas y, cuando ellos llegaron de regreso a casa, yo ya había partido con ella al salón donde sería el velatorio.

A la mañana siguiente, Martín, muy afectado, me pidió ir al velorio conmigo. Desde la noche anterior, él estaba triste, introvertido y muy molesto con nosotros por no haberlo ido a buscar antes del deceso. Esa mañana, Martín lloró profusamente y conversó con ella varios minutos. Con el paso del tiempo, Martín nos increpó sobre no ir a buscarlo, pero después descubriría la razón de su dolor.

El día del fallecimiento, Martín se levantó y se fue a mirar al espejo junto al dormitorio de mi suegra. Me contó que ella escuchó algo y trató de ver quién estaba ahí (ella estaba muy débil) y él no le habló ni se despidió de ella. Ese era el real motivo de su dolor: la conciencia, la voz interior que lo culpaba. Esto lo tuvo afectado durante años.

En el año 2017, Martín recibió una beca del colegio para irse a Estados Unidos de intercambio. Nosotros, felices, le preguntamos si quería ir y conforme a su acuerdo, realizamos todos los trámites. Fue una experiencia extraordinaria, buenísima, pero también muy dura para él.

Antes de su partida, Martín entró en una dinámica de ejercicios compulsivos y muy poco diálogo con nosotros: tuvo una adicción del cuerpo, a la comida sana, al físico. Tal vez estuvo en el límite de la vigorexia o de la ortorexia.

Lo recibió una familia en Estados Unidos. Si bien ellos tuvieron la gentileza de acompañarlo y estar con él, creo que faltó contención y tal vez un poco de amor pues no se sentía acogido. Lo dejaban solo constantemente y a veces no había comida preparada. Aprendió a moverse por la ciudad y, a pesar, de que lo estaba pasando mal, no quiso que lo fuéramos a buscar. Nuestra intención nunca fue que él estuviera allá si no lo quería así. En esa época había comenzado una escalada de pruebas con misiles entre Corea del Norte y EUA, por lo que estábamos muy atentos al desarrollo de la noticia, entendiendo que, en cualquier momento, él debía volver para no estar en riesgo.

De vez en cuando, Martín llamaba por teléfono a Maquita. Continuaba la conexión entre ellos con un humor que solo ellos entendían, muy graciosos. Maquita resintió su partida profundamente, pues tenían una relación donde Martín había tomado un rol de padre-madre y, con su partida, dejó huérfana a Maquita. Esto lo vine a descubrir muchos años después.

A su regreso, su hermana Maquita estaba diferente: había entrado en una dinámica de anorexia que nosotros desconocíamos y que vinimos a descubrir tres años después.

Cuando Martín volvió, regresó hecho otra persona: estaba notablemente desenvuelto, independiente, soberbio, seguro de sí mismo. Había dejado la práctica compulsiva de ejercicios.

En plena adolescencia, se destacaron aún más sus rasgos de introspección, indolencia y varias características propias de esta etapa de la vida. Mi marido y yo lloramos más de una vez por cómo era con nosotros. Había un precipicio que no podíamos salvar entre él y nosotros. No nos explicábamos este comportamiento, aunque él estuviera en la adolescencia.

Un día conversando con mi hijo, cuando tenía alrededor de 14 o 15 años, le estaba haciendo saber sobre este dolor. Entonces, él me comentó fríamente:

—No siento vínculo con ustedes, no puedo acercarme. No me obligues a hacer cosas que no siento.

No podía creer lo que estaba escuchando, no lo podía entender. Nunca me imaginé que me rompería el corazón. Sentí tristeza amarga y muchas veces oculté lo que me decía por no causarle daño a mi marido, quien siempre lo adoró, lo acompañó y trató de acercarse a él.

Mi marido, como padre, siempre estuvo presente, era dispuesto y cariñoso. ¿Cómo, con tantos años y todo el amor que le dábamos a Martín, no había vínculo? ¡Sentí que todo lo habíamos hecho mal! ¡Todo! ¿De qué estábamos hablando? Si éramos una familia que nos amábamos.

Entiendo que el hecho de que exista un distanciamiento, físico o emocional, es normal. Pero me cuestionaba hasta qué punto habíamos influido en Martín para alejarlo de esa manera, cómo habíamos influenciado así de mal su conducta. Le habíamos transmitido amor, valores y creencias a través del lenguaje y de la acción. No sé si fue la comunicación no verbal, no lo sé.

No podía soportar pensar que este alejamiento definiría la pérdida de afecto que ocurre de a poco, durante años, en silencio, aunque se encuentren a tu lado, con heridas sin cerrar. Esos alejamientos silenciosos que separan sin vuelta atrás y que se disfrazan de palabras o excusas de los hijos hacia los padres para no verlos, para no conversar, donde operan los silencios incómodos. Pero, en realidad, los hijos a veces escapan de los padres para no volver a verlos. Siento miedo de perderlo, aunque esté aquí.

Esa distancia me recordó a Estefanía Grijota al citar a Valeria Sabater:

> … aparte de los maltratos o el antagonismo en las creencias y valores, existen motivos no tan aparentes que también provocan el distanciamiento familiar. «Debemos asumir que hay hijos que actúan de manera egoísta», comenta. Existen madres tóxicas, padres autoritarios, y también hay hijos adultos con comportamientos que desgastan a sus familias, pero según la experta, existen muchas más razones por las cuales ocurre un distanciamiento. «Puede que haya trastornos psicológicos detrás, pero nunca en el cien por cien de los casos».
>
> Muchas veces, simplemente, se trata de que los vínculos son complejos, la personalidad de los hijos también, o que interfieren terceras personas que envenenan las relaciones y no saben dirigirlas hacia buen puerto. «En ocasiones, las parejas de los hijos, o las nuevas parejas de alguno de los progenitores, en el caso de una separación, influyen en la relación directa entre padres e hijos y no precisamente para bien». Pero, la mayoría de los casos de distanciamiento se da por desapego, humillaciones, falta de apoyo, críticas o autoritarismo excesivo. «Las heridas traumáticas se pueden curar, pero es necesaria una reconciliación con uno mismo, y poner distancias es un ejercicio de salud», subraya.
>
> (…) «Si las relaciones son tan conflictivas, si están causando tanta angustia, tal vez la distancia sea la forma más saludable para que los padres y los hijos adultos lidien con ella y

comiencen el camino de la sanación», comenta. Parece obvio, aunque todavía hoy las personas que lo sufren no puedan expresarlo sin sentir vergüenza. «Así, solo se consigue que el hecho de cortar el contacto con un miembro de la familia sea más doloroso debido a la forma en que la sociedad lo malinterpreta y le atribuye vergüenza».[3]

Martín catalogaba a las personas desde el intelecto y nosotros, sus padres, éramos un par de individuos que no cumplían con sus expectativas letradas. Quizás él esperaba que fuéramos un par de superdotados con quienes debatir sus teorías políticas, cósmicas, químicas y físicas, pero somos dos personas normales. Debe ser porque él funcionaba con la imagen mental idealizada de sus padres: lo que Martín pensaba era lo que debíamos ser y cómo debíamos actuar. Es decir, su mirada hacia nosotros siempre fue desde la crítica, nada de lo que hiciéramos era suficiente o correcto para él. Empezó a no aceptar nada de nosotros.

Si lo analizamos, él tenía una condición distinta. Probablemente sintió, de forma permanente y reiterada, un maltrato de nuestra parte, una crítica e incomprensión, un autoritarismo parental con el que no estaba de acuerdo, ni comprendía, ni aceptaba: la comunicación tenía una falla profunda y nunca logró recibir el mensaje real que intentábamos entregar.

Para él, no importaba nada hacia atrás, ni gratitud, ni cariño, nada. Me di cuenta de que él no leía las señales. Muchas veces le pedí que hiciera el intento de conversar, de convivir con nosotros. Siempre le hemos dicho, toda la vida, lo mucho que lo amamos. Sin embargo, no pude dejar de decirle que el tiempo

---

3 Grijote, E. (2019) «¿Qué hay detrás del distanciamiento entre padres e hijos?». *El País*. Recuperado el 16 de diciembre del 2022. https://elpais.com/elpais/2019/12/02/mamas_papas/1575278557_225737.html.

pasa y luego, si miras atrás, ya no se puede volver: ya no puedes borrar lo que dijiste, hiciste o no hiciste. Tantas veces le dije que, cuando fuera mayor, se arrepentiría de este desamor y nosotros ya no estaríamos para abrazarlo. Él me contestaba:

—Pero, mamá, no nace de mí.

Pese a todo lo anterior, y estableciendo que esta relación quebrada no era todos los días ni a cada rato, manteníamos una vida normal, ignorando este dolor. Martín se desplegó en su máxima expresión como un joven noble y ayudaba con las tareas de mis suegros enfermos sin dudarlo. Nos acompañó siempre.

Martín sentía que lo criticábamos, que no lo aceptábamos, que no encajaba en la familia, ni en el colegio, ni en nada. Nos recriminaba porque no lo entendíamos, porque sentía que su opinión siempre debió ser considerada. No veía la jerarquía entre padres e hijos pues, para él, todos éramos iguales y no había autoridad, por lo que le costaba mucho trabajar el respeto por las diferencias individuales. Nunca hizo vínculo con nadie, viviendo en una inmensa soledad.

No obstante la situación parental, Martín era un chico de buenos sentimientos, generoso; era como una contradicción. Un día, él estaba haciendo ejercicio en una plaza y un señor en condición de calle iba cruzando la avenida cuando, de pronto, se le cayó todo lo que llevaba en un carrito: cartones, frazadas, palos, entre otras curiosidades. Martín, sin pensarlo, corrió a ayudarlo. Una vecina le tomó una foto con su celular y me la envió. Me felicitó por el buen joven que era mi hijo; nadie más se movió para ayudar a ese hombre.

—⁓—

Cuando Martín estaba en tercero medio, se mantenía muy abstraído en sus cosas. Pasábamos semanas sin hablarnos mayormente, me refiero a una conversación de calidad, en lo profundo, en lo real de las emociones. La frenética del sistema educativo consume la comunicación. Salía mucho con sus amigos. Él estaba de novio con una chica, se le veía muy enamorado.

Ella, a veces, lo reprendía porque siempre estaba contestándonos mal, molesto cuando le preguntábamos mucho, a veces muy literal con lo que le decíamos.

Tiempo después, mi marido se trenzó en una discusión muy fuerte con Martín porque estaba muy alterado e insolente con él. La verdad es que, con su papá, nunca hubo coincidencia ni de ideas ni de comunicación, pese a los intentos reiterados de mi esposo. Su papá siempre lo acompañó a todos lados: era simpático, compañero, cariñoso, pero Martín no lo recibía, no había conexión. Trataba de no salir con él y había poca conversación. Al observarlos, me daba cuenta de esa falta de conexión.

Durante esa discusión, se elevó el tono, llegando al punto de los gritos y casi llegando a las manos; tuve que intervenir para separarlos. Martín estaba fuera de sí: tenía la mirada perdida, estaba desviado y superado por el dolor. Fue la segunda vez que lo vi con esa mirada hacia la nada. Lo calmé, lo abracé y solo lo contuve. Ese día lloró y nos contó que sus amigos lo habían traicionado: algunos habían confabulado para que terminara con su novia. Él no entendía por qué, no se explicaba que tantos años de amistad no fueran reales. El desconsuelo, la decepción, el dolor, el sabor de la traición, creo que fue la primera vez que lo sintió con esa intensidad.

Cuando somos adultos, cometemos el error de minimizar algunos episodios de nuestros hijos; pero en el mundo de los jóvenes, ese es su contexto, su realidad y, por muy menor que nos parezca, el mundo se les derrumba: se sienten traicionados, incomprendidos, vulnerables en sus espacios de confianza.

Martín era, y todavía lo es, un chico sin dobleces, sin malas intenciones, transparente, sincero, concreto, bien intencionado. Es una persona que siempre parte desde la buena fe. Creo que muchas veces puede llegar a ser ingenuo. Espero que se encuentre con muchas personas buenas en su vida y aprenda a discernir caras y corazones. El problema es que su condición no le permite tener la empatía con situaciones que a otros enternecerían, ni comunicar su opinión con la asertividad que exige la convivencia social.

En el año 2019, cuando Martín salía del colegio, tenía que escoger la carrera profesional a la que se quería postular. Él siempre señaló que quería estudiar Medicina. Dio su examen y no alcanzó a ingresar a la universidad que había pensado, por lo que el año siguiente se prepararía para dar el examen otra vez. En el año 2020, cambió de decisión y manifestó su entusiasmo por la Astronomía: desafortunadamente, se trenzó con mi marido en una conversación dolorosa, realista y, creo que de alguna manera, Martín se sintió forzado a estudiar Ingeniería Civil. Le vino un bajón de ánimo complicado. Un psiquiatra y un psicólogo lo vieron hasta que le dieron el alta.

El primer año, 2021, empezó muy bien en la universidad en cuanto a desempeño académico. Fue un año de pandemia, por lo que poco o nada se vio presencialmente con sus compañeros, cuestión que tampoco le preocupaba. No tenía ninguna motivación por conocer a nadie, ni por participar en actividades universitarias o temas de su carrera. Nosotros siempre le reforzamos la importancia de las conexiones emocionales con los demás, hacer amigos, disfrutar la época universitaria.

A mitad de año, nuevamente tuvo una depresión que lo dejó en cama, en una crisis del sinsentido, una crisis de tristeza profunda. Su hermana Maquita, quien estaba en el más alto nivel de exposición al suicidio en ese momento por la anorexia que padecía, también era un elemento detonador.

Hoy nos damos cuenta de que Martín era heterorreferencial, es decir, que su vida fue regulada por un estándar de «deber ser», pero que no racionalizó ni incorporó en su ser ni en su razonamiento. Me refiero a las normas de comportamiento y a las reglas de la cultura y del hogar: vio que comúnmente uno estudia, va al colegio, a la universidad, se casa, tiene hijos, viaja y muere. De ahí que cuestione cosas que, para cualquiera de nosotros, son del día a día. Estándares sociales y de costumbres que para él no tienen una explicación. La heterorreferenciación lo dejó vacío porque nunca tomó decisiones por sí mismo, sino porque le decíamos lo que debía hacer.

Si analizamos este tema, creo que la mayor parte de las familias funciona con una especie de piloto automático, donde lo que es normal, es la regla general. Con la experiencia de Martín, he destruido paradigmas acerca de lo que «debe ser» y lo que es o no correcto, o bueno. Cuestionar muchas cosas es un derecho y encontrar su propio camino es legítimo. Muchos estudios sociológicos de diversas culturas nos muestran que en esta diversidad los mismos hechos que son aceptados en una cultura pueden ser condenados en otra. Esta condena es el problema que enfrentamos, la necesidad de que como padres podamos abrir nuestra mente y nuestro corazón para comprender las dudas y validar las emociones. Permitir que exploren y que se equivoquen.

Ante el error no debemos decir «te lo dije», por el contrario, debemos contener, abrazar, escuchar. A veces se aprende solo si vives lo que debes vivir.

—〰—

En el año 2022, en la primera semana de vacaciones, Martín manifestó su descontento con estar pasando ese tiempo con nosotros. La primera semana de febrero, en la madrugada, me despertó y me dijo que no podía dormir. Me levanté y nos fuimos a la sala, y él rompió a llorar profusa y desconsoladamente, alterado, ansioso, con un dolor tremendo. Me habló de los sinsabores de su relación amorosa y de la enfermedad de su hermana. Estaba superado, se sentía solo, atormentado. Fue cuando, otra vez, vi su mirada perdida. Pensé que estaba enloqueciendo.

Al otro día, llorando, me confesó que él había sido muy fuerte con lo de sus abuelos, pero que cargar con la enfermedad de su hermana lo superaba. Le prometí que lo alejaría de las terapias con ella y que la decisión que él tomara sería respetada en ese sentido. Que la responsabilidad de su hermana era nuestra como padres y que jamás le asignaríamos a él nada de aquello. También me contó la soledad que sentía por falta de apoyo de su polola,[4] la falta de empatía que tanto necesitaba.

Le pedí que aceptara una invitación que le habían hecho porque, esa misma semana, al llegar nuestras vacaciones, Maquita había tenido una crisis fuerte y se había autoinfligido cortes en las piernas y en el brazo. Esas no serían vacaciones para él ni para nosotros.

---

4   En el argot chileno, polola/o es la palabra para novia/o.

Ese verano se produjo un quiebre profundo de él hacia nosotros. Más profundo que antes.

<hr>

De regreso de las vacaciones, quisimos ir a buscarlo a la casa de su novia y almorzar con él. No quiso ir con nosotros: nos esquivaba y se reusaba a pasar tiempo con sus padres. Nos fuimos tristes los tres: mi marido, Maquita y yo. En ese almuerzo, Maquita nos dijo:

—Este es un compromiso, siempre saldremos los tres.

Ella se daba cuenta de los desprecios de su hermano desde siempre, pero esto era tan claro para todos que preferíamos no hablar del tema. ¿Para qué? ¿Cómo explicar lo inexplicable? ¿Cómo decirle a ella que su enfermedad había profundizado aún más el quiebre? ¿Cómo puedes obligar a alguien a quererte o a pasar rato contigo?

Como dicen por ahí: «el amor no es de lecciones, es de acciones».

Ese día en la noche, marzo del 2022, comencé a hablar con Martín y nos acaloramos discutiendo. Llorando y gritando me dijo que no quería saber más de nosotros, que le producíamos repulsión. No quería saber más de su hermana y que él no se haría cargo de ella en el futuro: que, si ella se quería morir, era su problema. Él clamaba por paz, quería dejar de sufrir.

Ahora que escribo estas líneas, se me llenan los ojos de lágrimas. No sé cómo explicar lo que me pasó. Fue como una herida en el alma. Fue como partirte en pedazos. No entender por qué…

Pero él vivía su propio infierno personal. De alguna manera, tenía razón: cuando tienes un enfermo mental en casa, la familia se enferma y él, en su condición, debía ir en retirada. Las conductas anoréxicas aparecen con muchas cosas, no solo con la comida. Maquita se medía en contra de la balanza y él se medía en referencia al intelecto. Ahora entiendo cuando los médicos hablan de conductas anoréxicas: tiene que ver con la dinámica mental de controlar algo porque sientes que no controlas nada más en tu vida, así que te enfermas, vomitas o tienes diarreas para deshacerte de aquello que no te deja vivir.

De ahí en adelante, sentí que lo habíamos perdido en definitiva. Si en el verano se produjo una separación severa, esa vez sentí que el daño era irreparable. Me daba tanta tristeza verlo rehuir de nosotros. Siento que viví en una constante agresión pasiva: la indiferencia o el desprecio es lo peor que los padres pueden sentir. Pero esto era imperceptible, solo nosotros tres nos dábamos cuenta. Igual le hacía cariño y no perdía oportunidades de abrazarlo y decirle que lo amaba. Mi marido y yo nos mirábamos a veces y se nos llenaban los ojos de lágrimas.

Siento que, en este contexto, no pudimos engañar a Maquita. Las relaciones y la comunicación no verbal hablan más que mil palabras. Ella veía nuestro dolor, pero tratábamos de disimular porque debíamos darle estabilidad para que siguiera luchando contra la anorexia.

—ɯ—

Comenzando el segundo año de su carrera, Martín inició bien, haciendo deporte, quedándose en el campus, hizo dos amigos; pero ya a fines del mes de mayo, comienzo de junio del 2022, volvió a caer en una depresión. Una crisis que lo inmovilizó, que lo dejó en la cama sin hablar, perdido. El motivo, entre todos los problemas que teníamos, era la búsqueda del yo: no se encontraba, no veía el propósito de su vida, no entendía por qué era como era, por qué no encajaba.

Fue la primera vez que me dijo que siempre se había sentido un triángulo cuando todos eran cuadrados. Entonces esto era algo más allá de su hermana, de nosotros: era una búsqueda interior. Martín me cuestionaba:

—¿Para qué vivir? ¿Para qué estudiar?

Me decía que él sería feliz con un colchón, una silla y un libro. Despojado de todo lo material y de las personas. Sin proyección, sin ambiciones, ni pretensiones de ningún tipo.

Tenía graves problemas de autoestima y yo me preguntaba: «¿En qué momento pasó esto que no me di cuenta?». Pasó de ser un chico soberbio e impetuoso en la adolescencia a alguien que desconocía su valor, con la autoestima en el suelo, sintiéndose despreciado, indigno. Y él es un chico maravilloso. ¿Quiénes le habían hecho tanto daño?

En uno de los días previos a que cayera en cama, nos dijo que quería conversar con nosotros y nos indicó que habíamos sido unos padres controladores, que no quería que le preguntáramos por los estudios, ni le pidiéramos que socializara, que cuidáramos el tono o la forma porque siempre lo habíamos criticado. Otra vez, no lo podíamos creer… algo estaba mal.

Nunca fue nuestra intención criticarlo, pero era lo que él sentía. ¿Cómo nos equivocamos tanto en la comunicación con nuestro hijo? ¿Por qué le hicimos sentir aquello si nosotros estábamos orgullosos de él? Tal vez le hicimos sentir que no era suficiente, no lo sé.

Quedamos perplejos y sin entender el error. Todos los padres controlamos a los hijos pues queremos saber dónde están, con quiénes se juntan, pero no era eso. Él entendía que todo lo que le decíamos parecía una crítica aunque no lo estuviéramos haciendo o no fuera nuestra intención.

Hoy día Martín tiene 20 años y presenta un cuadro ansioso-depresivo severo, esto significa que se combinan los síntomas de la ansiedad y la depresión, y se caracteriza por un dolor emocional potente, un bajo estado de ánimo que lo ha dejado de nuevo sin poder levantarse, baja autoestima, pérdida de interés y una angustia o preocupación excesiva.

Curiosamente, en este episodio depresivo reflotó un hito nuevo: Martín, en su búsqueda de autoconocimiento, tenía dudas respecto a presentar algún grado del espectro autista y nos planteó la posibilidad de evaluarlo.

En primera instancia, nos resistíamos a este tema pues nos parecía improbable: él tenía amigos, novia, mantenía relaciones cordiales con la mayoría de las personas. No obstante, después de sostenidas conversaciones, cedimos ante su petición y accedimos a someterlo a evaluaciones expertas para dejarlo tranquilo.

Inició un nuevo tratamiento de depresión con un psiquiatra y un psicólogo, y lo evaluaron para determinar si tenía la condición de trastorno del espectro autista (TEA, por sus iniciales). Esto nos tomó muy por sorpresa, pero pese a todo lo que estábamos viviendo, el resultado nos permitiría comprender el porqué de las situaciones del pasado que nos marcaron y que, por supuesto, para él fueron significativas: los comportamientos que para nosotros han sido martirizantes y que para él fueron un calvario silencioso.

Para nosotros, Martín es un chico extraordinario, nos sentimos muy orgullosos de él, no solo por sus logros sino también por la persona que es: transparente, austero, sencillo, sin dobleces ni malas intenciones. El nivel de resiliencia que ha tenido cuando ha enfrentado situaciones adversas es evidente y destacable. Aun así, no puedo ver en su interior, hay cosas que no comprendo de su conducta.

Más allá del diagnóstico que nos entreguen las evaluaciones, Martín presenta dificultades para vincularse con los otros, en especial nosotros, sus padres: parametriza la legitimización de las ideas y del otro desde el estatus intelectual y moral que a él le parecen que deben ser. No es capaz de describir si es o no feliz, no tiene un propósito hoy día.

Es obsesivo y repetitivo a veces, no siempre mira a los ojos, no entiende las normas preestablecidas o los estándares, cuestiona por qué deben ser y por qué no pueden ser trasgredidas, trata de corregirnos en todo lo que hacemos como padres y sienta una lejanía dolorosa. No es la lejanía de un hijo cuando deja el nido, sino la lejanía emocional que persiste, el desprecio, una de la que él tiene conciencia. Tanto es así que a veces nos hace dudar del futuro: ¿lo volveremos a ver después de que se independice?

Él escucha su interior, a esa voz en la mente que nos habla y que puede elevarnos a las alturas o convertirse en nuestro peor juez. Una voz que puede llegar a ser constante, perseverante y, a veces, obsesiva.

Un día, conversando y escucharlo en sus planteamientos, le dije una vez más:

—Cuidado con la voz que te habla, eres tú.

Agosto del 2022

Hoy recibimos los resultados de la evaluación de TEA. Diagnóstico confirmado.

Estuve conversando con Martín y recordé una frase de Albert Einstein, en su libro *El mundo como yo lo veo*, que caracteriza muy bien a mi hijo:

> Existe una oposición entre mi pasión por la justicia social, por la obtención de un compromiso social, y mi completa carencia de necesidad de compañía, de seres humanos o de comunidades humanas. Soy un verdadero solitario. Nunca pertenecí del todo al estado, a la Patria, al círculo de amigos ni siquiera a la familia más cercana.[5]

Es exactamente lo que a Martín le pasa. Él no necesita a nadie, disfruta del silencio, de pensar y encontrar soluciones

---

5   Einstein, A. (2012). *El mundo como yo lo veo*. Ediciones Brontes.

abstractas a lo desconocido; le perturban las multitudes, no siente apego a la familia más cercana, tiene un alto sentido de la justicia social y de la verdad.

Esto es coherente con lo sucedido en su cumpleaños: su abuela le preguntó si lo podía venir a ver y él le respondió que no, que una llamada sería mejor. A mi mamá se le partió el alma porque lo adoraba, pero él quería estar solo en su día, pensando. No vino ningún amigo, con suerte estuvo con nosotros y estuvo muy tranquilo.

Dos días antes de su cumpleaños, su padre pensó que vendrían personas a verlo por sorpresa y compró algunas cosas para atenderlas por si llegaban: su padre cometió el error de insistirle que invitara a alguien. Martín se alteró, lloró y nos escribió muchas cosas porque pensó que le teníamos algo preparado como sorpresa. Le dijimos que estaba equivocado.

Lo que para nosotros podría ser una grata sorpresa, claramente para él podría ser una tortura.

Capítulo 2
LAS VUELTAS DE LA VIDA

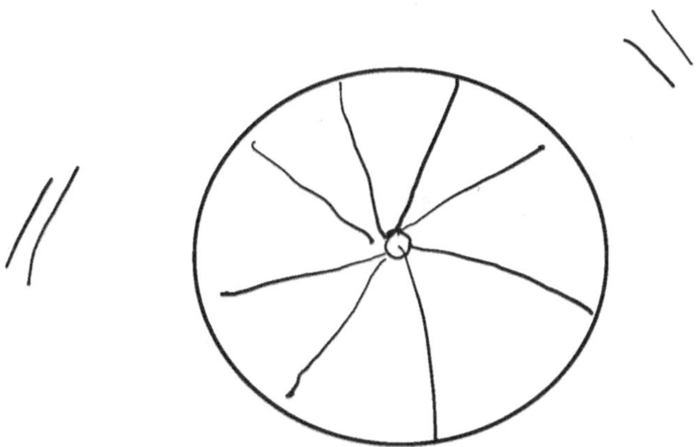

Creo que uno de los asuntos que me marcó definitivamente fue la relación con mi padre. Él era un hombre de una personalidad muy explosiva y cambiante. Era imposible el diálogo y menos predecir su conducta: no sabías cuándo ni por qué se enojaría.

Podíamos pasar de un tema de conversación o de risas a un estado de enojo violento mayor, de una molestia compulsiva, impredecible. Siempre tenía la razón y te obligaba a hacer lo que él decía porque no podía ser de otra manera. Era un hombre poco afectuoso, por no decir nada: su amor lo transmitía siendo un buen proveedor. No quiero decir con esto que era una mala persona, él era bueno, pero no tenía conciencia del daño en su forma de actuar.

Ni hablar de reírse mucho rato por algo, pues siempre decía que la risa abunda en vla boca de los tontos. Creo que me marcó la vida porque todavía hoy me cuesta sonreír. Si miro las fotografías de mi padre, nunca salía sonriendo, tal vez era por eso, no lo sé.

Muy machista y amigo de su propia verdad. Maltratador psicológico por excelencia. Si algo no le parecía, no dudaba en hacer comentarios sarcásticos y humillantes sin importar qué.

Alguna vez le levantó la mano a mi madre, más de una vez, pero no tengo conciencia de que la haya golpeado. Sin embargo, sus peleas o discusiones podían ser de alta gama y gritar sin cesar por largos ratos.

Mi mamá me cuenta que con ella fue muy descariñado. Hasta adulta le pregunté por qué no se separó cuando pudo hacerlo y me respondió:

—Porque le tenía lástima. Nadie lo iba a soportar.

Pero la verdad es que, con los años, se reflejó que ella siempre lo amó intensamente. En su lecho de muerte, mi madre le tomaba las manos y lo besaba, hablaba con él, lloraba a su lado, porque él fue su compañero pese a todo.

De pequeña, sentí la responsabilidad de hacer algo al respecto, de tratar de unirlos. Después de las peleas, les tomaba las manos para que se las tomaran, pensando que todo se solucionaría, pero no era así.

Derivado de estos comportamientos familiares disfuncionales y el calvario, me fui alejando de él. Él llegaba y yo me iba a estudiar o a acostar. Manteníamos relaciones diplomáticas. Siempre en silencio, acataba y saludaba con cordialidad; creo que nunca discutí con él pues me paralizaba. Canalicé mi tristeza y dediqué todas mis energías a estudiar: mi norte era alcanzar las metas que me propuse para salir adelante. Con el tiempo, no solo me aparté de él, sino del contexto familiar completo.

Estoy convencida de que la familia se enferma en una dinámica viciosa, donde el maltratado se acostumbra. Creo que es un hecho químico y la adrenalina genera dependencia, no solo física sino psicológica: empiezas a creer que no vales nada, la ira y el descontrol aumentan si no sabes evitarlo; el daño es permanente.

Afortunadamente, mi voz interior me alentó a dirigir las energías de las frustraciones y la falta de amor de su parte hacia algo bueno. Me ayudó a evadir esto, como si estuviese viviendo en una realidad paralela. Abstraerse de este mundo no es fácil, dejar de escuchar, de enganchar cuando te increpan sobre cosas que no existen. Es como pelear con fantasmas donde no los hay.

Me imagino que las personas que han sobrevivido a traumas importantes han tenido una imagen del futuro que les ha permitido abstraerse y aguantar, dedicando sus fuerzas y energías a conseguir la salida, a alcanzar la luz. Es un poder interior que sale de las entrañas y que te mueve.

Cuando me casé, a mi padre le detectaron una depresión mayor y se le declaró un trastorno de personalidad. La verdad es que creo que el trastorno lo tuvo desde siempre, solo que en ese momento un médico psiquiatra lo diagnosticó. Desde ese momento, comencé a explicarme muchas conductas del pasado. Lamentablemente, fue tal su nivel de paranoia que amenazó con matar a mi madre y un día la fui a buscar y los separé por mucho tiempo.

Él me culpaba de su separación, me responsabilizaba, decía que siempre había querido tener a mi mamá solo para mí y que no lo quería. Mi padre sufría de delirios y paranoia, vivía un infierno personal donde todos, en especial yo, confabulábamos en su contra.

Deambulaba de casa en casa preguntando por mi mamá. Fue allí cuando mi familia me pidió evaluar la posibilidad de internarlo en contra de su voluntad. Hablé con un abogado y me indicó que era una situación muy traumática y que, si lo hacía, lo poco de relación que quedaba se terminaría de romper; que el informe debía entregarlo un médico y que era poco probable mantenerlo ahí por mucho; que evaluáramos la posibilidad de medicamentos.

De acuerdo a lo que sé, el trastorno de personalidad es una enfermedad mental en el que una persona tiene comportamientos, emociones y pensamientos muy diferentes a los que uno esperaría y que interfieren con su capacidad de establecer relaciones interpersonales saludables y armoniosas, tanto en su vida personal como en el trabajo y otros contextos. El trastorno de mi padre tenía características de cuadros paranoicos y recelos, era obsesivo con el control y bastante antisocial, acompañado de una vida familiar disociada, una comunicación deficiente y abuso emocional.

Mi padre comenzó a tratarse y se mantuvo tranquilo durante meses, lo que no detiene los pensamientos paranoicos. Por supuesto, los episodios de agresividad nunca se disiparon y los delirios sobre mi madre y sus hijas continuaron.

Un día le pregunté a mi madre qué haría respecto a su situación matrimonial y me indicó que volvería con él. Entendí que los sistemas viciados y las familias disfuncionales crean personas disfuncionales y lo que para ella fue un acto de amor y generosidad, tal vez, para mí fue un acto de sumisión y tortura.

Con los años, ya adulta, me enteré de que mi abuela, es decir, su madre, no lo quería y había sido golpeadora con él. Ella padeció enfermedades mentales, no sé de qué tipo. Solo sé que la sometieron a *electroshock* durante años; hablo de una época en que la marginación del paciente era brutal. Después le seguirían las terapias de *shock* biológicas. Con este antecedente, me expliqué la herencia genética de mi padre acrecentada por la violencia de niño: ¿qué se le puede pedir a alguien que no fue tratado con amor?

Fui la hija menor de tres hermanas y con él no hubo relación cercana, sino todo lo contrario: me daba miedo estar cerca y me alejé en silencio, de a poco. Nunca fui una niña problema: me iba bien en el colegio, era más bien introvertida, altamente jerarquizada, estudiaba mucho y mi objetivo era irme de casa a como fuera lugar. Entré a la universidad y me fue muy bien. Luego, en el desarrollo profesional, también tuve un buen desempeño, así como la fortuna de encontrarme con personas buenas que me dieron la posibilidad de continuar.

A diferencia de mis hermanas, mi situación económica y emocional no dependía de mi padre en lo absoluto, ni de su dinero ni de su opinión. Tomaba mis propias decisiones junto a mi marido. Como mi padre era dominante, mi actitud e independencia le incomodaban pues él lo veía como soberbia, como si lo estuviera desafiando. En vez de estar contento por su hija, que había logrado por fin independencia y autogestión, él se enojaba; mi madre alguna vez me dijo que era envidia. Nunca le gustó nada de mí: ni cómo era, ni la casa que compré, ni lo que estudié, nada. Lamentablemente, esta lejanía la traspasó a mis hijos y ellos también sintieron el desamor; peor aún, Martín sintió su desprecio.

Cuando él sentía poder sobre los demás, llegaba a cualquier parte, fuera o no su casa, y daba órdenes: decía lo que se hacía o no, y establecía las reglas de sumisión que tanto le gustaban.

Él llegaba del trabajo y yo me iba a mi dormitorio a estudiar. El punto crítico fue cuando estaba en la universidad y prácticamente cohabitábamos, pues no lo veía en todo el día. No era un hogar. Pese a todo, él no era un mal hombre: se enternecía con los animales, las personas vulnerables, la pobreza y lo que considerara injusto. En los tiempos de la Unidad Popular en mi país, mi padre traía comida desde el sur y compartía con los vecinos, quienes no tenían para comer.

⁓ꟽ⁓

Ahora, después de 23 años de matrimonio, miro mi casa y, cuando llego del trabajo, mis hijos se van. Con Martín siento el desamor y me parece una maldición. Me parecen tan injustas las vueltas de la vida porque no soy ni la sombra de lo que fue mi padre. He luchado toda la vida por no ser como él; por ser una madre cariñosa, preocupada, dialogante. Y se repite la historia sin entender qué ha pasado.

Como dicen por ahí, a veces somos el cuchillo y a veces la herida. Me prometí ser la mejor madre, hacer sentir a mis hijos que los amo hasta el final de mis días. Me prometí cuidarlos y contenerlos siempre. Deseaba que ellos siempre quisieran estar conmigo, que fuera un agrado llegar a casa, ¿y qué pasó con esto? De verdad, no lo entiendo. Siento que nada es suficiente.

Martín recuerda cosas, todas y cada una con un sabor amargo. Me cuenta que de niño se sentía mal u obligado con los juegos, los cumpleaños, las salidas vacacionales y, a pesar de que entiendo mi deber de incorporar su condición a mi comprensión y aprender a mirar desde su propia perspectiva, no puede dejar de doler. La herida sangra constantemente, nada fue lo que pensé. Hemos vivido realidades tan diferentes de un mismo episodio: cuando yo decía que mis hijos lo pasaban muy bien con nosotros, que se divertían y les gustaba tal o cual cosa, me encuentro con un golpe en la muralla que me hace saber que no fue así. Es como haber vivido una mentira. Me pregunto qué fue verdad y qué no.

Martín me ha propuesto cohabitar la casa. Me indica que nosotros somos del Medioevo y él del Renacimiento, así grafica nuestra situación. Quien sepa un poco de historia, comprenderá que la época medieval fue una de las más oscuras de la humanidad. Así nos ve.

Capítulo 3
EL AUTISMO Y LA DEPRESIÓN

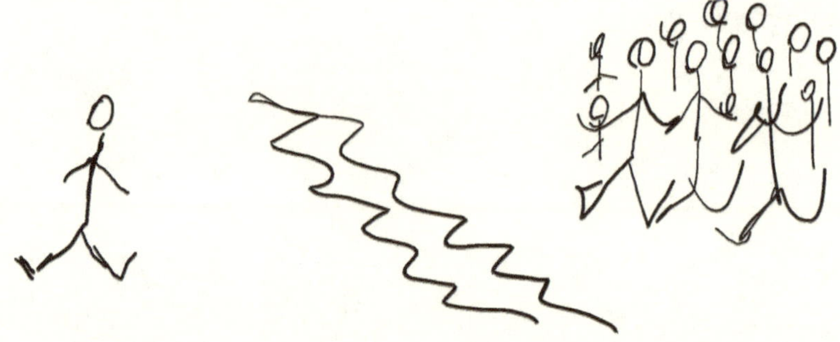

Cuando nacieron mis hijos me propuse ser la mejor madre, darles una familia estable y feliz, quería que se sintieran muy queridos, perfectos, aceptados y grandiosos.

En las situaciones en que ellos fueron presentando comportamientos depresivos, que naturalmente me hicieron cuestionar y dudar si sería capaz de cumplir con el deber de madre, comencé a leer sobre este tema. Me cuestioné en silencio, traté de no culparme, pero debía comprender cómo funcionaban nuestras relaciones.

El camino hacia el diagnóstico de Martín ha sido una peregrinación y, luego de años de diversos médicos, psiquiatras e infinitas evaluaciones, pudimos al fin encontrar una luz. La verdad es que, en este caso, si no hubiera sido por la tozudez y empeño de Martín, quizás nunca lo habríamos sospechado.

Martín escuchó a su voz interior, analizó las sensaciones negativas durante años, años de silencio y autocuestionamiento: esa voz interior, que terminó siendo su peor juez, era una voz crítica y paralizante; pero también fue un juez nuestro, de la familia.

Este año, al descubrir que Martín tenía la condición de TEA, podemos comprender muchas cosas del pasado que nos dan la oportunidad de establecer estrategias y pasos que seguiremos a fin de construir una mejor relación y que él sienta que encaja en este mundo.

Al inicio de la vida se dan fenómenos muy importantes para el desarrollo socioemocional de los hijos. El TEA es una condición que puede ser genética o estar potenciada por lo multifactorial.

El cómo se siente, cómo se ve y cómo cree que lo ven los demás cambia drásticamente cuando el prisma es desde una condición más limitada y concreta.

—m—

En el artículo «La identidad del niño: quién es y quién cree que es», de Esther Gómez, se señala que:

> Tanto niños como adultos necesitan mantener un estado de bienestar y estabilidad respecto a la imagen de sí mismo. En este punto de la relación con el adulto, el bebé también comparte estados afectivos con su figura de apego. El pequeño puede reconocerlos en el rostro de su madre. Tiene la motivación de explorar, pero todavía necesita la protección de su figura de apego. Entonces, cuando el bebé va explorando objetos, viviendo situaciones nuevas, mirará el rostro de su madre, y entenderá si esta situación a la que se enfrenta es amenazante o segura en función de lo que lea en ella.
>
> (…) En esta construcción de significados que hacen los adultos del mundo del bebé, también le hablan sobre él. Es decir, le

dicen cómo es él, si es un niño valiente, si es un niño bueno, si es un niño listo, etc., y esto contribuirá a que el pequeño vaya creando su identidad.[6]

En este proceso se constituyen dos partes muy importantes: por un lado, la identidad del niño (quién es) y, por otro lado, su autoimagen (quién cree que es). A lo largo de la vida, la creencia de quiénes somos es un pilar relevante: nuestro estado y estabilidad respecto a nuestra imagen es vital en el desarrollo social, y gran parte de la identidad se constituye en función de la imagen que las personas significativas hayan marcado desde que somos niños.

El niño establece una relación consigo mismo que sigue las mismas normas y particularidades que la relación con los demás. Es decir, un niño puede estar feliz consigo mismo y con otras personas, o puede sentirse incómodo de acuerdo a la imagen impuesta o exigida por otros. Esta emoción o sensación de sí mismo, no sé cómo llamarle, es la autoestima.

El mismo texto de Esther Gómez señala:

> Gran parte de la identidad de la persona se constituye en función de la imagen que las personas significativas hayan devuelto a esa personita. Es decir, el niño se ve a sí mismo como sus padres le ven. A veces no nos extraña que determinadas personas tengan una imagen de sí mismos que no se corresponde con la realidad, tanto por exceso como por defecto.[7]

---

6 Gómez, E. (27 de julio del 2012). «La identidad del niño: quién es y quién cree que es». *El Confidencial*. Recuperado el 26 de diciembre del 2022. https://blogs.elconfidencial.com/alma-corazon-vida/relacion-pa-dres-e-hijos/2012-07-27/la-identidad-del-nino-quien-es-y-quien-cree-que-es_588347/.
7 Ídem.

Es ahí donde nos cuestionamos como padres y, en mi caso, como madre: ¿qué fue lo que pasó? ¿No me comuniqué como debía? ¿Por qué no fui capaz de transmitir todo el amor y el orgullo que siempre he sentido por Martín? ¿Por qué no lo hice sentir importante, notable, un chico a toda prueba, noble? ¿Di por sentado que él lo sabía? ¿Qué me hizo pensar que todo estaba bien?

Es tan relevante este tema que hay niños que cuentan con determinadas cualidades que, como no han sido relevadas o reconocidas por los adultos referentes, no han podido interiorizar ni tampoco ver que cuentan con esa virtud. Lo mismo ocurre al revés; es allí donde se generan duras frustraciones.

> Lo que el niño piensa sobre sí mismo (la autoimagen), siempre está sujeto a un proceso de valoración. Cada niño, al observar su propia imagen puede sentirse desde orgulloso hasta profundamente decepcionado.[8]

Es aquí donde me pregunto cuánto depende la autoestima de otros en la primera infancia y hasta un mayor desarrollo, pero ¿qué pasa con el mundo de afuera? La capacidad de la calle y de la sociedad para destruir o construir a la persona.

En este balance entran en juego dos elementos:

- el autoconcepto: cómo se ve a sí mismo, las aspiraciones e ideales, la conciencia crítica;
- y las brechas que se crean en relación con lo anterior, las cuales permiten ver una autoestima alta o baja.

Para que el niño pueda tener una buena autoestima, antes necesita que se haya sentido querido y no puede quererse si esto no ha

---

8   Ídem.

sido así: se sentirá hermoso y bueno si alguien significativo para él se lo ha transmitido. He amado tan intensamente a Martín. ¿Cómo nos damos cuenta de que un hijo se siente querido? Martín siempre me buscó, quería el acurruco de su madre, y yo lo consentía y acariciaba; siempre le he dicho cuánto lo amo.

El documento continúa indicando que: «En este sentido, el adulto cumple una función muy importante, la especularización: reconocimiento y admiración del niño. El niño puede construir una buena autoestima si el adulto le devuelve una imagen positiva de él».[9]

El Centro de Psicología de Madrid publicó un artículo denominado «El reflejo especular: vernos como nos miran», lo cual tiene relación con el espejo: «Al pensar en un espejo, es inevitable pensar en aquello que se ve reflejado en él: nuestra propia imagen. Esta autoimagen es un constructo relacionado con nuestro autoconcepto y nuestra identidad».[10]

Cuando somos niños, vemos el mundo como lo construyen nuestros padres o adultos significativos y, en esa construcción, «le van hablando sobre él, sobre su persona y su valor; creando así su identidad».[11]

La experiencia de especularización se produce cuando una persona significativa funciona como un espejo y nos devuelve una valoración sobre nosotros mismos: «eres guapa», «eres tonto», «qué bien/mal se te da esto», «si no eres así, no vales». A partir de este reflejo especular se forma el autoconcepto del niño, y puede

---

9   Ídem.
10 Gosheva Zheleva, G. (s. f.). «El reflejo especular: vernos como nos miran». Centro de Psicología de Madrid. Recuperado el 27 de diciembre del 2022. https://centrodepsicologiademadrid.es/el-reflejo-especular-vernos-como-nos-miran/.
11 Ídem.

ser más o menos realista y más o menos adaptativo. Es importante señalar que el niño siempre creerá a sus figuras de apego por la necesidad de permanecer unido a ellas.

Por todo lo anterior, podemos decir que nos vemos a nosotros mismos como nos han mirado de pequeños. Esa mirada es lo que en gran medida construye nuestro autoconcepto y nuestra identidad. Los niños pequeños se ven en los ojos de sus cuidadores con todo aquello que les transmiten y piensan como figuras importantes para ellos: lo bueno, lo malo, lo aceptable y lo inaceptable.[12]

Pero en la experiencia de creación de la autoestima, no es suficiente con decirlo: es necesaria la sensación de bienestar en el vínculo entre el adulto y el niño, es decir, satisfacción en su crianza. Es necesario transmitir al hijo el sentimiento de que cuenta para el adulto y que es importante para él.

Recordemos que parte de la autoestima también considera la relación con *la voz que nos habla*. La disonancia que se podría producir entre lo que creemos que somos, lo que piensan otros sobre nosotros y lo que entendemos que nos dicen nuestras personas significativas; esto marca un hito a todo nivel de nuestra relación interior y las relaciones sociales.

Si a esto le añadimos que no sabemos si el niño establece o no la sinapsis psicoemocional y social del cerebro que le permite leer las señales, o cuándo los padres o adultos significativos no saben comunicarse adecuadamente y se produce un divorcio, se produce un abismo que puede llevarnos a comportamientos disfuncionales por el daño en la autoestima. Agreguemos también la

---

12 Ídem.

significancia que adopta el grupo de pares desde la preadolescencia hasta la adultez. Tenemos un enorme desafío como padres.

En el caso de Martín, cuyo diagnóstico de TEA se denomina de alto funcionamiento, conlleva una serie de dificultades que repercuten en su autoestima y favorecen la aparición de trastornos asociados. Sin embargo y como señala Humberto Maturana en su libro *El sentido de lo humano*, el vacío existencial es de origen espiritual, pertenece a la angustia de la no pertenencia, al vivir sin sentido relacional en la comunidad humana a la que se pertenece.

Miro atrás y en definitiva hubo apego, caricias, palabras de aliento y de amor, pero el vacío existencial prevaleció igualmente.

⸺⚏⚏⸺

De acuerdo con lo señalado por el Dr. Christian Plebst, psiquiatra infantojuvenil:

> El AUTISMO no es una enfermedad… es una manera adaptativa en la que el sistema nervioso de un bebé/niño intenta lidiar con una dificultad neurológica de integrar y procesar info sensorio-afectivo-motriz clave para la maduración de su cerebro. Al no poder hacerlo… entra en default todo su aprendizaje… deja de aprender, se aísla y se auto-estimula (…).
>
> Lo que llamamos AUTISMO es en realidad lo que sucede luego de no haber podido aprender la información socio-emocional clave de la cual el cerebro depende (…).
>
> Cuando «aparece» el riesgo o diagnóstico de TEA la tarea es lograr interacciones cotidianas ajustadas al perfil sensorio-afectivo-motriz de cada niño. Una «demanda» compleja para que recaiga únicamente sobre la familia… la tarea es compartida con la comunidad (…).

El desafío es que seguimos «pensando» que el TEA es estático y fijo de nacimiento…cuando hoy sabemos y vemos que es dinámico (…).[13]

El problema es que, en el caso de Martín, nos estamos dando cuenta cuando él está próximo a cumplir 21 años. Como siempre digo: nunca es tarde para amar y hacer lo correcto. Él ha tratado en su interior de armonizar muchas dimensiones que siente contradictorias y vacías.

Conforme a lo señalado en Lord y cols.,[14] el autismo es mucho más común de lo que se pensaba y ocurre en todas las sociedades y países del mundo. Afecta al menos a 78 millones de personas en todo el mundo y la mayoría de ellas no tienen acceso adecuado a servicios de salud, educación y asistencia social. La documentación formal de su existencia se limita a un subconjunto de países. El documento también señala que:

- El autismo es un espectro. Esto quiere decir que algunas personas con autismo podrán vivir sus vidas de forma independiente, otras necesitarán apoyo todos los días durante toda su vida y las últimas requerirán apoyo ocasional. Lo que las diferencia es el nivel de apoyo requerido.

---

13 Dr. Plebst, C. (26 de mayo del 2022). «Cambiar la mirada, cambia lo que vemos… y como "nos" tratamos». Fundación Brincar. Recuperado el 27 de diciembre del 2022. https://www.bibliotecabrincar.org.ar/cambiar-la-mirada-cambia-lo-que-vemos-y-como-nos-tratamos/.

14 Lord, C.; Charman, T.; Havdahl, A.; Carbone, P.; Anagnostou, E.; Boyd, B. y cols. (2021). «The *Lancet* Commission on the future of care and clinical research in autism». *The Lancet*. DOI: https://doi.org/10.1016/S0140-6736(21)01541-5

- Al momento del diagnóstico, en niños muy pequeños, es difícil predecir en qué parte del espectro estará: este se hace cada vez más evidente a medida que el niño avanza hacia la adolescencia.
- Las personas autistas pueden tener vidas felices y saludables, pero cada sociedad podría hacer mucho más para apoyarlos a ellos y a sus familias.

En el caso de Martín, lo ha incluido en el marco de su tratamiento ansioso-depresivo, pero porque él insistió en el tema, porque sus pensamientos y análisis le daban luces de aquello.

Otro artículo de interés es el de Gotham y cols.,[15] de quienes comprendí los siguientes puntos:

- En relación con esto, investigaciones sugieren que los trastornos del estado de ánimo son comunes a lo largo de la vida en individuos con trastornos del espectro autista (TEA).
- Se sabe que hay un gran subgrupo dentro del espectro autista que tiene una tasa elevada de trastornos familiares del estado de ánimo, lo que sugiere que los dos tipos de trastornos pueden estar relacionados clínica y genéticamente.
- En general, es más fácil identificar depresión en individuos con TEA que tienen capacidades cognitivas y verbales intactas o con problemas mínimos.
- La rumiación es otro mecanismo indicado en la causa o el mantenimiento de la depresión en la población general.
- En adultos con un desarrollo típico, se ha demostrado que la rumiación predice el número y la duración de los

---

15   Gotham, K.; Bishop, S. L.; Brunwasser, S., y Lord, C. (2014). «Rumination and perceived impairment associated with depressive symptoms in a verbal adolescent-adult ASD simple». National Library of Medicine. DOI: 10.1002/aur.1377.

episodios depresivos mayores y también está muy asociada con la ansiedad.

- Los autores encontraron que las percepciones de los participantes sobre sus dificultades relacionadas con el autismo se asociaron positivamente con síntomas depresivos, independientemente del grado real de esas dificultades.
- Esto es consistente con las teorías cognitivas de la depresión en la población general; las personas deprimidas tienden a procesar información sobre sí mismos de una manera más negativa que sus pares no deprimidos.
- Finalmente, los autores encontraron una asociación entre la rumiación y la insistencia en la igualdad, sugiriendo que aquellos individuos que probablemente perseveren en rutinas, rituales e intereses circunscritos también pueden ser más perseverantes en sustratos psicológicos.
- En los campos de la depresión y la ansiedad, la rumiación generalmente se considera perjudicial porque es una estrategia de afrontamiento pasivo.
- Síntomas depresivos elevados se asociaron con una menor percepción de apoyo social.

Nadie está preparado para enfrentar tantas situaciones juntas, una tras otra. Pero creo que mi marido y yo hemos sabido llevarlas de la mejor forma posible. Mirar adelante, confiar y creer que lograremos salir adelante. A veces salimos a caminar y nos tomamos de la mano en silencio, respirando profundo. Sólo nos miramos y podemos ver nuestra alma inquieta y ansiosa de ver resultados positivos en nuestros hijos; doliente, cuando los ve sufrir.

Los pensamientos no son más que un conjunto de emociones: basta con recordar algo hermoso para que nuestra sonrisa aflore, o recordar un *momento de tristeza* para que las lágrimas broten instantáneamente desde nuestro fuero interno. Por lo tanto, cuando sentimos una emoción de forma intensa, muchos de nosotros podemos quedar atrapados en ellas durante días, meses o años si no tenemos las herramientas adecuadas. Por eso hemos trabajado en no caer en depresión como padres y afrontar, de la mejor manera posible, lo que nos está pasando.

Cuando me enteré del diagnóstico, lo primero que se me vino a la mente fue lo que leí en un libro de Daniel Goleman, *Inteligencia social*, donde el autor revela que, como seres humanos, «estamos "programados para conectar" con los demás y que nuestras relaciones tienen un impacto muy profundo en nuestras vidas».[16] Esto es relevante para mí porque la conexión con nuestros hijos y de ellos con sus pares, amigos y jerarquías relacionales, marcará para siempre sus vidas, siendo esto inmensamente importante tanto si se presentan o no trastornos. Las limitaciones que Martín ha exteriorizado lo han hecho sufrir y se han camuflado en la vida hasta ahora.

De lo expresado en el libro de Goleman, concluyo que las relaciones humanas afectan hasta las células de nuestro cuerpo, vibraciones que nos entregan fuerzas o veneno. Creo que nadie hoy en día puede desconocer la interconexión entre los seres humanos, vibracional, cerebral, y que en nuestro deambular necesitamos conectar. La condición gremial del ser humano ha sido constatada.[17]

De las ideas de Goleman desprendo que las personas transitamos en diferentes abanicos de posibilidades y rasgos de

---

16 Goleman, D. (2006). *Inteligencia social*. Editorial Kairos.
17 Ídem.

personalidad; y desde mi mejor entendimiento me parece que todos podemos ser un poco autistas, narcisistas y hasta psicópatas. Manteniéndonos en niveles normales, estaríamos dentro de lo saludable, ¿pero quién dice qué es lo saludable? ¿Cuál es la perspectiva correcta? Esto es lo que cuestiona día a día Martín.

Cultivar una relación saludable con Martín será nuestro centro de atención y, entendiendo que el espectro autista tiene directa relación con una base genética con impacto relacional, deberemos atender todo aquello que fortalezcan las destrezas conductuales y sociales de Martín.

No sé si algún día podré apaciguar su dolor. No podré borrar los recuerdos de su niñez que lo atormentan. Ahora, como adulto, me cuenta de las burlas y de los vacíos; sufrió porque nunca tuvo un amigo de verdad. Cuando uno es niño, siempre te preguntan quién es tu mejor amigo y, ahora que recuerdo, él nunca lo tuvo. Me cuenta que nunca hubo conexión con nadie, que en el colegio pasaba los días sentado atrás, haciendo lo que quería. No prestaba atención y, sin embargo, fue brillante.

Capítulo 4
LA VOZ INTERIOR

Con todo lo que ha pasado en mi vida, no puedo dejar de hablarles de la voz interior. Una voz que nos moviliza o nos paraliza, que se comunica y establece un diálogo con nosotros, el cual se ve regulado por nuestra autoestima. La voz interior que llevó a Martín a insistir en su evaluación de TEA; y la voz que habita en nosotros como padres, en silencio, y que nos levanta para seguir adelante con nuestros hijos.

Por esto, quiero compartir con ustedes el resultado de mis reflexiones a partir de lo que he rescatado de algunos libros y que me ayudan inmensamente en esta constante búsqueda.

Hace algunos años leí el libro *El punto ciego* de Daniel Goleman, donde explica:

… las diversas formas de autoengaño para protegernos de la ansiedad, el fracaso y el dolor. Goleman encuentra evidencias de ello en todos los niveles: desde la actividad mental individual a la dinámica de toda una sociedad. Así entendido, el autoengaño ha de considerarse un mecanismo psicológico de defensa contra las dolorosas situaciones del mundo exterior. El cerebro humano es capaz de filtrar selectivamente la información que recibe, y de esa manera disminuye la conciencia de la memoria y las percepciones negativas. Este mecanismo crea un punto ciego que bloquea la atención y disminuye el impacto de las decepciones. Pero aunque el autoengaño es en la mayoría de las ocasiones beneficioso para la estabilidad psíquica y emocional ya que su función es precisamente preservarla, a veces puede ser peligroso y perjudicial, tanto a nivel individual como social.[18]

En relación con lo anterior, creo en definitiva que los bloqueos mentales me han permitido no recordar episodios dolorosos de mi vida, tanto a nivel familiar de cuando era una niña y joven, hasta ahora en la adultez. Seguramente, mis hijos también han bloqueado recuerdos que no hemos podido detectar en sus terapias y que vienen a potenciar sus actuales realidades de salud mental.

Nuestra mente dispone de una voz que nos habla, que no es más que nuestro pensamiento que puede hacernos brillar o caer en lo profundo. Una voz que nos pone contra la muralla desde muy temprana edad.

---

18   Goleman, D. (2015). *El punto ciego*. Penguin Random House Grupo Editorial.

¿Han conocido alguna vez casos de niños cuyos padres se separan y ellos se sienten culpables? ¿Han conocido personas que se quedan detenidas en un tema y pueden volver reiteradamente al mismo en diferentes momentos y uno se pregunta cuándo lo superará? Es un pensamiento rumiante que nos dice: «Pudiste haber hecho esto o aquello», «Pudiste haber respondido tal cosa», «¿Por qué no fuiste vestido de tal forma?». Esa voz genera ansiedad y dudas, y te hace desconfiar y retar a tu yo.

Este nivel de ansiedad bloquea el comportamiento y, cuando llegas a sucumbir, cayendo en depresión, pierdes la motivación y la fuerza para la acción. La mente puede pasar por distintos estados: la ira, el miedo, la ansiedad, la decepción, pero la peor de todas es la depresión. La depresión inmoviliza, convierte a las personas en rehenes de un estado negativo y parece que se va el alma, quedando solo el cuerpo; pierdes el interés en todo, la vida pasa a tu lado y solo te quedas en un dolor físico y mental.

Esta voz también puede enaltecer y empujar al guerrero que llevamos dentro, controlar las sombras de la envidia, el egoísmo y permitirnos continuar en una vida plena.

He percibido en mis hijos la existencia de esta voz, concluyendo que somos el pensamiento dominante de nuestras mentes, un pensamiento que a veces tratamos de esquivar. Hay pensamientos de tono negativo que nos persiguen, los cuales intentamos evadir mediante actividades que nos distraigan o alejen de ellos.

Cuando llegamos a la adultez, algunos somos capaces de detectar si esta voz nos hace daño o nos ayuda a seguir adelante.

En el caso de mi hijo, más allá de su condición, la inseguridad y autoestima deprimida y decreciente fue notoria. ¿Desde cuándo esa voz lo ha dañado? ¿Qué situaciones vivió que lo atormentaron? ¿Qué hechos lo llevaron a concluir erróneamente que no valía nada? ¿Cuándo perdió el propósito? ¿Tal vez nunca lo tuvo? ¿Desde cuándo la vida no tenía sentido para él?

Creo que debemos ayudar a nuestros hijos a cultivar y comprender su voz interior, aquella que está todo el día con nosotros. Es como mantener una conversación mental en la que nos planteamos todo lo que nos ha pasado, lo qué pasará y lo que muchas veces nos lleva al pasado, sin dejarnos vivir el presente.

Este diálogo con nosotros mismos es, sin duda, necesario porque nos permite razonar y, en la mayoría de los casos, tomar decisiones. Es tan natural y necesario como dormir, descansar y respirar.

Se trata de «la voz de la conciencia», «voz mental» o también «diálogo interno». En mi experiencia personal, podría explicarla como una murmuración, una conversación que se proyecta hacia el futuro y cuya función es que, con base en los recuerdos, ayudarnos a decidir.

Algunos estudios tipifican tres características o dimensiones de esa voz interior: la de diálogo, que es como estar conversando con otra persona; la condensación, al nivel de detalles en el razonamiento que la acompaña; y, la más importante para mí, la intencionalidad, relacionada con la conciencia y el inconsciente, y que se refiere al grado de voluntad, al tono de la conversación positiva o negativa en el diálogo interno.

Cuando observamos a los niños, esa voz ya está con ellos y se va construyendo en conjunto con sus experiencias y emociones, en una iteración constante. Creo que en ellos es muy evidente: en la medida en que vamos creciendo, ese diálogo se va silenciando y solo lo escucha nuestra mente y nuestro corazón. No sé dónde habita, pero sin duda llega al alma.

Me parece interesante descubrir si alguna persona no tiene esa voz interior, seguramente la hay; pero me pregunto cómo toma decisiones, cómo razona algunos temas. Probablemente existe un espectro de conversaciones: unas más intensas y frecuentes que otras, dependiendo de cada persona.

Un artículo de Cresenzia habla sobre esta voz y estudios realizados:

> Estudios realizados por científicos de la Universidad de Wisconsin-Madison han explorado la relación interna que el ser humano establece en su mente para organizar sus pensamientos.
>
> (…) De nuevo, pudieron determinar que la voz interior no es la única forma de estructurar los pensamientos (…).
>
> Sin embargo, lo más destacable de sus investigaciones, fue que descubrieron que aquellas personas que aseguraban no utilizar mínimamente la voz interior presentaban también más dificultades a la hora de explicar sus propias ideas o pensamientos.
>
> En consecuencia, concluyeron que la capacidad de «hablar con uno mismo» tendría consecuencias positivas en cuanto al autoconocimiento y al ordenamiento de los pensamientos.[19]

No obstante y en relación con las enfermedades de la mente, creo que debemos prestar atención y aprender a controlar el diálogo interno, ya que tiene un impacto relevante en nuestras acciones concretas, es decir, en nuestro comportamiento. Por tanto, mientras más exigente y feroz es esa voz interior, vamos consumiendo más energía del alma y nos vamos sumiendo en emociones negativas. Por el contrario, si nuestra voz interior está repleta de gratitud y de creencias positivas, nuestras emociones serán positivas y, en consonancia, también se reflejará

---

19 Cresenzia (26 de julio del 2021). «La voz interior: ¿algo que todos tenemos?». Recuperado el 29 de diciembre del 2022. https://www.cresenzia.es/voz-interior/.

en nuestro comportamiento. Sin duda, nuestro comportamiento y nuestras actitudes reflejan el pensamiento dominante de nuestra mente.

> El profesor de la Escuela de Medicina de la Universidad de Yale John H. Krystal, advierte de que «un diálogo interno negativo y persistente debilita múltiples estructuras neuronales haciendo que las personas sean más vulnerables al estrés». Por este motivo, todos deberíamos aprender a ejercer un control de calidad sobre el mismo y hacer que esta capacidad de «hablar con uno mismo» sea funcional. Para ello debemos de darnos cuenta de cómo es y cómo afecta a nuestras emociones y conductas.[20]

Conforme a lo anterior, y al analizar nuestras conversaciones y, en mi caso, la de mis hijos, puedo advertir algunos estilos que conversación que describe el estudio indicado:

- **El estilo catastrófico:** aquí, el diálogo interno se suele enfocar hacia el futuro, viéndose este como una amenaza. De esta manera, la persona interpreta que cualquier cosa que ocurra puede convertirse en una tragedia cuando menos se lo espera.
- **El estilo autocrítico:** estilo propio de las personas que se juzgan a sí mismas negativamente y que se critican por todo. Algunas frases de este tipo de diálogo son: «no puedo», «soy incapaz», «no lo merezco», etc.
- **El estilo victimista:** el tipo de pensamientos que llegan a la mente de una persona con estilo victimista tienen que ver con el lamento. Los sentimientos de desprotección o desesperanza son los que gobiernan este estilo.

---

20 Ídem.

- **El estilo autoexigente:** estilo propio de las personas muy perfeccionistas que nunca parecen satisfechas con cómo hacen las cosas. Que se muestran intolerantes frente a los errores.

Es así como, en los trastornos y las condiciones de mis hijos, las voces cambian de una descripción a otra. Para poder avanzar en los tratamientos, ellos han debido comprender este diálogo.

La voz interior de Martín está condicionada a la forma en cómo escucha y comprende las señales, cómo logra expresarse con sus pares y se desenvuelve en comunidad. El dolor interno se calmará. Hoy entiende que nunca sentirá algunas cosas y siempre será indiferente a otras. Tendrá que razonar muchas cosas por falta de empatía. ¿Cómo abordará esto? No lo sé. Debo aceptar esta condición en el más amplio sentido porque, en este momento, debo aprender a interactuar; y no puedo ni quiero cambiarlo, solo ayudarlo a seguir plenamente con su vida.

Si Martín no hubiera escuchado su voz interior, no habría insistido en ser evaluado: su razonamiento sobre lo que le estaba pasando y lo que él mismo se decía le permitieron conducirse hasta los médicos. Si no se diera cuenta que esa voz lo ha llevado al estado en que se encuentra, no habría pedido ayuda.

Su voz interior lo llevó a separarse de nosotros, pero estoy segura de que recuperaremos el tiempo y, en una especial relación, llegaremos al corazón de Martín. Sé que nos ama, pero no sé cómo. Es como cuando un daltónico sabe que el color es verde, que se llama verde, pero no lo ve como nosotros.

La voz interior resulta ser crucial. Mi hija ya conoce la voz del monstruo que habita en su interior: el fantasma de la anorexia que le habla y la hace vomitar tristezas y agonías. Maquita logra distinguir la voz de la enfermedad y la de ella. Esa ha sido la voz desde las sombras que está enfrentándose a la luz.

La voz interior que hoy escucho me permite tener gratitud frente a todo. Me levanta cada día para comenzar otra vez y no detenerme nunca. A veces el cansancio me abruma, pero vuelvo a sacar fuerzas. Así como debemos tener cuidado de nuestra voz interior, también debemos escucharla.

Debo reconocer que hay días en que me siento desbordada y lloro sin causa aparente. Mi voz interior, me dice que me entregue a los hechos, pero se produce una discusión interna, porque el amor me dice que me levante y siga entregándoles a mis hijos lo mejor de mí. En particular, me dice que no puedo perder la esperanza, que debo tener fuerza.

No quisiera dejar de hablarles del mundo espiritual, relacionado con la voz interior. Esta voz que nos habla, que no es como escucharnos hablar en físico en el diario vivir, no es nueva, no es de ahora. Desde el comienzo de todos los tiempos, el ser humano se ha visto enfrentado a sus pensamientos y voces interiores, a la conciencia del yo y de otros, a su legítimo yo. Es una voz que va hacia nosotros y que no viene desde nosotros.

Según algunas corrientes espirituales, la voz interior se debe a la conciencia universal. Todas las personas constituimos un todo interrelacionando, conectado, lo que provoca que una persona tiene un efecto o consecuencia en los otros, en la humanidad. Esto sería como el efecto mariposa de nuestra existencia: esta teoría sostiene que cada pequeño acto que hagamos tiene enormes consecuencias en el mundo y en las personas que nos rodean.

En algunas culturas o en la mayoría de las civilizaciones, la conciencia universal o la voz interior constituía la guía principal que marcaba el camino de vida a seguir, con la que se tomaban decisiones muy importantes, desde la Prehistoria hasta la aparición de los oráculos. En rituales, se accedía a divinidades que, según relatan, provenían de la espiritualidad universal, la cual constituye la voz de la propia divinidad bondadosa que, desde el interior de nuestro corazón, guía nuestros destinos. Para muchos podría ser la voz de Dios.

No es menor pensar cómo funciona la vida para comprender que muchos viven sin esperar nada más después. Entonces, si nada hay después de la muerte, vivimos en una existencia cortoplacista. La pérdida del sentido de la vida y de la muerte implica que nuestro paso no es trascendental. Ha sido esta no asimilación de nuestro transitar lo que ha decantado en la creación de sociedades basadas en esta sensación, lo que a su vez ha provocado un adormecimiento de nuestra conciencia o voz interior.

Qué mejor razón o justificación es no tener un sentido esencial para acallar nuestra voz interior: la voz buena, la que nos ayuda a discernir, a tomar buenas decisiones, a generar resiliencia. Creo que hay personas que mueren en vida. Una vez leí el libro *El club de las 5 de la mañana* de Robin Sharma: me impactó leer en sus primeras páginas un diálogo donde un señor afirma que hay gente que muere a los 30 años y la entierran a los 80; personas que no saben vivir, personas que han perdido la razón de estar y, a estas alturas de la vida, creo que es así.

Hay personas que por diversos motivos mueren en vida: aquellos que no han podido superar un trauma o dolor intenso; quienes viven un infierno personal; quienes han silenciado su voz y se consumen en actividades que llenan las horas del día porque temen enfrentarse a ellos mismos porque no se conocen, porque hay un vacío.

Hay una historia de un libro tibetano donde la esposa le dice a su marido:

—Qué lindos mausoleos y tumbas tienen en Occidente para los muertos.

Y su marido le responde:

—Dicen que hay mansiones perfectas y maravillosas para los cadáveres vivos.

Me parece una respuesta impactante: conozco cadáveres vivos que han perdido su voz.

Pero ¿qué pasa con la otra voz? La que no es divina, la que nos puede enfermar y por la que, en el más puro sentido psicológico, nos podrían encerrar en el manicomio. ¿Qué pasa con la otra voz? La voz espiritual negativa que se atribuye a fuerzas oscuras del universo, aquellas que escapan al conocimiento humano y que, muchos de nosotros, hemos experimentado. No estamos hablando de escuchar voces con tener esquizofrenia, ni con alucinaciones auditivas relacionadas a otro tipo de experiencias que no tienen nada que ver con los trastornos mentales. No estoy escribiendo acerca de lo que hoy se aborda como un fenómeno de la mente.

Tratando de entender cómo funcionan el inconsciente y el consciente, el alma, todavía hay misterios que no tienen explicación biológica o fisiológica. Sin duda, mucho se ve influenciado por temas multifactoriales pero, aun así, todavía existen muchas incógnitas. De esto no hemos conversado en este libro, pero existe y le tengo mucho respeto.

Capítulo 5
REFLEXIONES

No sabemos cómo las cosas son.
Solo sabemos cómo las observamos y las interpretamos
Vivimos en mundos interpretativos.
Primer principio, «Ontología del lenguaje».
Rafael Echeverría

Yo soy madre e ingeniero. He estudiado toda la vida en lo formal, pero las situaciones de la vida y de mis hijos me dicen que eso de nada sirve. Por más que estudies y te prepares, nadie tiene las respuestas: nadie nos enseña a ser madres o padres, nadie tiene la verdad. Cada niño o niña necesita la atención y el amor de sus padres de forma individual. Cada hijo es un mundo, un universo, un ángel.

Con Martín aprendí a ser mamá. Sentí la gratuidad del amor incondicional de una madre, comprendí la expresión de lo que es «un dolor del vientre» cuando ves sufrir a un hijo.

Tengo la conformidad de que toda la vida le he dicho que lo amo, todos los días.

Ahora que estamos frente al conocimiento de su condición de TEA, debemos estudiar, empatizar. Estamos desafiados por la vida a entregar lo mejor para guiarlo en su nueva etapa, entrenarnos para aprender a comunicarnos con él.

Ni mi marido ni yo buscamos culpas ni culpables porque de nada sirve. Sin duda, necesitamos de alguna manera encontrar el aprendizaje, el propósito para nosotros, mantener nuestras conversaciones internas y ayudar a quienes podamos en este camino.

Nuestros hijos cuestionan por qué no advertimos muchas cosas. De alguna manera, en su fuero interno, nos responsabilizan; pero la verdad es que, como padres, no teníamos los elementos ni las herramientas para detectar o advertir que algo así estaba pasando.

Tenemos la tranquilidad de haber recurrido a médicos y psicólogos, y ninguno escarbó en el pasado de cuando eran niños, ninguno hizo preguntas claves acerca del desarrollo de nuestros hijos, ni comportamientos de la infancia.

En el caso de Martín, no vimos alertas significativas, nunca. Jamás sospechamos que pudiera presentar la condición de TEA. Probablemente si lo hubiéramos llevado al médico hace dieciséis años atrás, no nos habrían considerado ya que él es de alto funcionamiento y, conforme a lo que nos han dicho, son áreas específicas que se deben trabajar. La evolución de los criterios del TEA ha variado en los últimos años.

Hoy nos dedicamos a Martín y a su hermana Maquita, y la vida continúa y sigue bien, porque hemos aceptado que así es nuestra realidad y que es bella, que cualquier avance es un rayo de luz. Continuar fortaleciendo el lazo de la familia es lo más importante en todo esto. Las enfermedades mentales y condiciones diferentes como la de Martín pueden destruirte. La fortaleza del amor es la base y no me canso de repetir esto. El amor da la fuerza para continuar.

Nos vamos a equivocar una y otra vez. Estas son las vueltas de la vida. Situaciones que nunca hubieras imaginado, situaciones que parecen un *déjà vu*.

Sin embargo, no me canso de dar gracias. La gratitud, ante escenarios adversos y buenos, es importante para mantenernos en pie. La gratitud obtiene energía que incorporas a tu alma y a tu cuerpo. Levantas la cabeza y caminas hacia algo mejor. Le otorga significado y sentido a la tristeza. Sé que vendrán tiempos mejores y miraremos esto como una etapa que supimos superar.

Lo que más me impresiona es que Martín está tranquilo, feliz, porque ha encontrado las respuestas a todo su sufrimiento, al sentimiento de no ser parte, de no encajar. Me dice:

—Madre, para mí la vida es un fiasco pero no estoy triste... Para mí la vida es injusta, pero no estoy triste... Madre, estás equivocada: no necesito ser feliz porque no sé qué es eso.

Miro atrás y le encuentro explicación a momentos del pasado que me sorprendían con él: no tener vínculo, no sentir necesidad de tener relación con otros, no importarle tener amigos, pasar tiempo solo, lo literal que tomaba las conversaciones, no entender las metáforas.

Hay cosas que a Martín no le interesarán jamás. Reacciones que nunca recibiremos de su parte. Caricias y sensaciones que no percibirá. Él nos ama, no sé cómo es para el amor, pero sé que nos ama.

Hoy la prioridad es ganarle a la depresión. Quiero que supere esto: un hijo no puede morir de tristeza, no puede morir pensando que su existencia no vale de nada...

En el contexto social, Martín aprendió a socializar por el entorno familiar. Esto no significa que lo haya disfrutado, menos aún comprendido, pero lo hacía.

Para el sistema, Martín era el niño ideal: no molestaba, no hacía desorden en clases, tenía un desempeño brillante. Entonces, cuando los hijos pasan la mayor parte del tiempo con otros adultos, como los profesores, creo relevante sensibilizar al cuerpo docente y prepararlo para evaluar y descubrir señales tempranas que los padres no sabemos ver.

Si analizo la conducta de Martín, creo que uno de los principales tratamientos que podríamos abordar es el sociorrelacional para mejorar las destrezas sociales y crear vínculos emocionales. La idea sería motivarlo y generar interés así como la capacidad para participar en interacciones sociales compartidas, también en el desarrollo de destrezas sociales en un entorno estructurado.

La terapia psicológica deberá continuar para apoyarlo a superar la depresión y la ansiedad que actualmente presenta a través de la comprensión de las conexiones entre los pensamientos, los sentimientos y los comportamientos.

Doy gracias a que mi hijo le prestó atención a su voz interior. Más allá de la depresión, las diferencias y el pensamiento crítico, su voz le permitió iluminar a los médicos. Sí, fue gracias a su insistencia y perseverancia que llegamos al diagnóstico.

¿Por qué nuestra voz puede ser más negativa o positiva? No lo sé con exactitud, no sé cuánto nos pueden marcar nuestras propias vivencias y sincronías. Nuestro cerebro hace un procesamiento de información distinto en cada uno de nosotros.

En el caso de mi hija, la voz interior fue muy dañina, pero hoy se da cuenta de eso y ha comenzado a dominar el fantasma que la acompaña.

Es muy relevante saber distinguir que somos nosotros mismos quienes nos hablamos, y podemos hacer de nuestras vidas un largo peregrinar de paz o infernal. La voluntad de levantarnos una y otra vez, todas las veces que sea necesario para salir adelante, es lo que le puedo dejar a mis hijos. Debemos decidir si queremos morir en vida.

Que ellos y nosotros escuchemos nuestra voz interior es bueno, pero con cuidado: debemos aprender a distinguir lo bueno del autoengaño.

—ᨒ—

Hace unos días comencé a leer un libro tibetano, buscándole sentido a la transformación de la vida, de las personas, de mi vida. Lo relevante para mí es que habla de que todos somos materia, energía, que solo nos transformamos y que, para estar preparados para la muerte, debemos saber vivir. La compasión, la belleza, el amor y el desapego son fuentes de sabiduría y libertad.

No sé por qué comencé a leerlo, tal vez buscaba respuestas a todo lo que nos pasa, o para encontrar respuestas a mi vida y lo que queda de ella. Nos dice que todos vamos muriendo día a día y sabremos vivir en la medida que tomemos conciencia de aquello, no tendremos que esperar hasta la fecha final para mirar el pasado y lamentarnos por haber perdido el tiempo que tenemos aquí.

Me hace sentido comprender que estoy aquí por algo. Tal vez yo debí ser la madre de mis hijos, quizás ellos necesitaban nacer en esta familia porque, a pesar de todo, creo que en su interior ellos sienten que los amamos intensamente.

No quiero ser un cadáver vivo que camina por esta vida sin más objeto que solo respirar. Como todo lo que hagamos, digamos y pensemos tiene efectos en algún lugar, entonces mi existir debe ser relevante para ellos, para quienes más amo, mis hijos.

La voz interior de nuestro ser puede venir del alma o de la mente. Si es positiva, prestémosle atención ya que nos ayudará a vivir mejor, a sentir, a encontrar sentido a navegar en este mundo de energías positivas y negativas, a enfrentarnos con nosotros mismos.

Cada día que despierto con lágrimas en los ojos, entiendo que ver sufrir a Martín o a Maquita es mi cruz, mi calvario; pero me dan la fuerza para que los ayude a encontrar su luz. Será suficiente con lograr una sonrisa de ellos, darle sentido al dolor, para que mi paso por esta vida haya valido la pena.

La oscuridad solo vive en nuestra mente y, si contamina nuestro corazón o nuestra alma, dejaremos de vivir: caminaremos por este mundo con el vacío y la soledad que alimentan el sinsentido y la depresión.

Quiero que Martín encuentre su luz interior sin importar su condición: su contribución a la vida es maravillosa porque él es un ser querido y querible, y todo cuanto hagamos hoy por él y para él valdrá la pena.

Persistir en la tarea es importante. Como padres, no podemos decaer: tenemos que entender la impermanencia de las cosas y de las situaciones. Todo es transitorio en la vida y, cada día, nuestro amor y la energía que emana de ello llega hasta los huesos de nuestros hijos.

Einstein planteó la teoría del amor basada en su fórmula de la energía $E = mc^2$:

Cuando propuse la teoría de la relatividad, muy pocos me entendieron, y lo que te revelaré ahora para que lo transmitas a la humanidad también chocará con la incomprensión del mundo.

Hay una fuerza extremadamente poderosa para la que hasta ahora la ciencia no ha encontrado una explicación formal. Es una fuerza que incluye y gobierna a todas las otras, y que incluso está detrás de cualquier fenómeno que opera en el universo. Esta fuerza es el AMOR.

Cuando los científicos buscaban una teoría del universo olvidaron la más invisible y poderosa de las fuerzas. El Amor es Luz.

El Amor es gravedad, porque hace que unas personas se sientan atraídas por otras. El Amor es potencia, porque multiplica lo mejor que tenemos, y permite que la humanidad no se extinga en su ciego egoísmo. El amor revela y desvela. Por amor se vive y se muere. El Amor es Dios, y Dios es Amor.[21]

Cuando él habló de Dios, lo hizo sin importar las creencias, las religiones, los agnósticos. Yo comparto y creo firmemente en esta fórmula del genio, que el amor todo lo puede, que da fuerzas para levantarse una y otra vez. Que, a pesar de todo, el amor nos permite ser agradecidos, perdonar y perdonarnos...

---

21   Anson, L. M. (28 de junio del 2021). «Albert Einstein, teoría del amor». *La Razón*. Recuperado el 30 de diciembre del 2022. https://www.larazon. es/opinion/20210629/mlzr7bwn35btze4mqcm774oxcy.html.

Otros libros sobre relaciones familiares

Padres desde el amor ¡7 herramientas claves
para relacionarte con tus hijos
desde el amor y no desde el estrés!
(Elena Tangüis)

Mírame, aquí estoy
(Angélica Ortiz-Arrieta)

El 15q de mi hija y yo
(Luis Francisco Solano)

Psicologiando barreras II. Reconocer,
reconstruir y aprender
(Luis Gallardo Rojas)